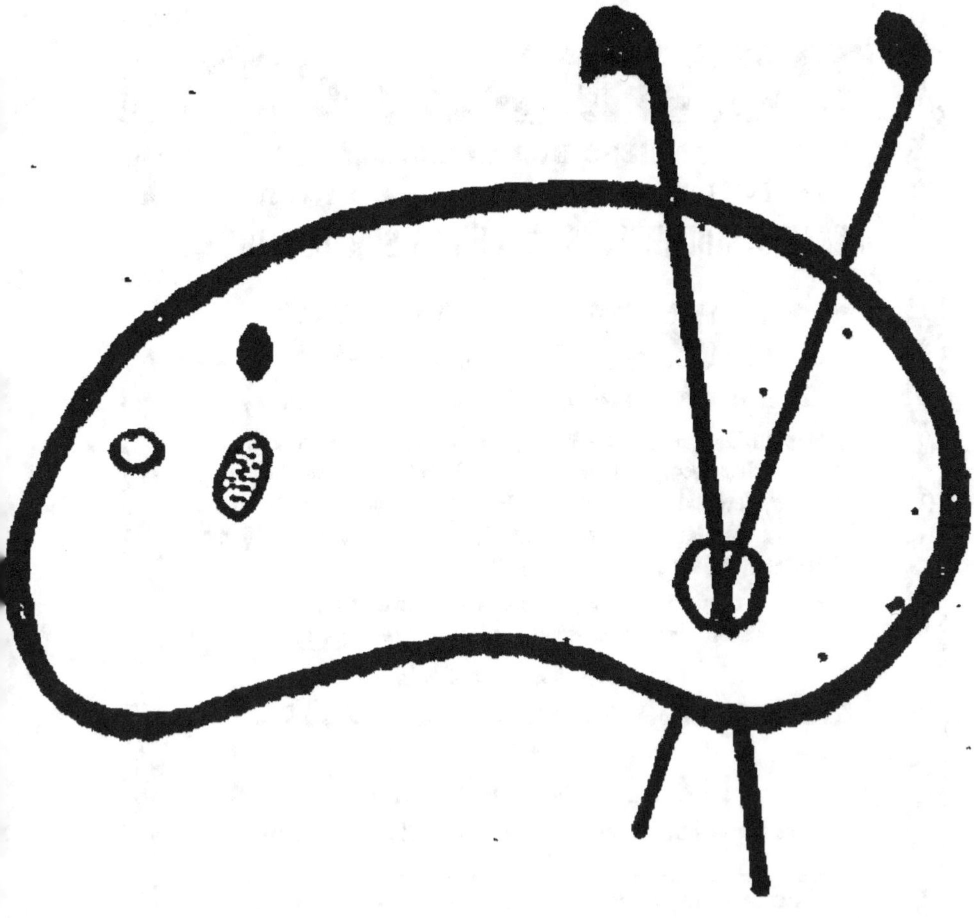

DEBUT D'UNE SERIE DE DOCUMENTS
EN COULEUR

# CATALOGUE

D'UNE IMPORTANTE COLLECTION

DE

# TABLEAUX

ANCIENS ET MODERNES,

Des Écoles Italienne, Flamande, Hollandaise et Française,

## DESSINS, AQUARELLES ET LIVRES SUR LES ARTS,

ET

# D'OBJETS D'ART

### De Curiosité et d'Ameublement,

Meubles en Marqueterie de Boule, Marqueterie de bois à fleurs, bois de chêne sculpté, Glace, Bronzes, Dorures, Armes anciennes, Ivoires, Porcelaines de Sèvres, de Saxe, de Chine et du Japon, Vitraux gothiques, Faïences et Verreries anciennes, Bijoux, Éventails, Objets divers de Curiosité,

Composant le cabinet d'un Amateur,

DONT LA VENTE AUX ENCHÈRES PUBLIQUES AURA LIEU,

Pour cause de départ.

## HOTEL DES VENTES MOBILIÈRES,

SALLE N° 2,

### RUE DES JEUNEURS, N. 42,

LES LUNDI 18, MARDI 19 ET MERCREDI 20 MARS 1850,

heure de midi.

Par le ministère de M° RIDEL, Commissaire-Priseur, 335, rue Saint-Honoré.

Assisté de M. SIMONET, Expert de la Compagnie des Commissaires-Priseurs, pour les Tableaux.

Et de M. ROUSSEL, Expert pour la Curiosité.

### EXPOSITION PUBLIQUE

Le Dimanche 17 Mars 1850, de midi à quatre heures.

1850.

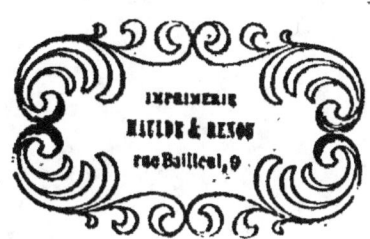

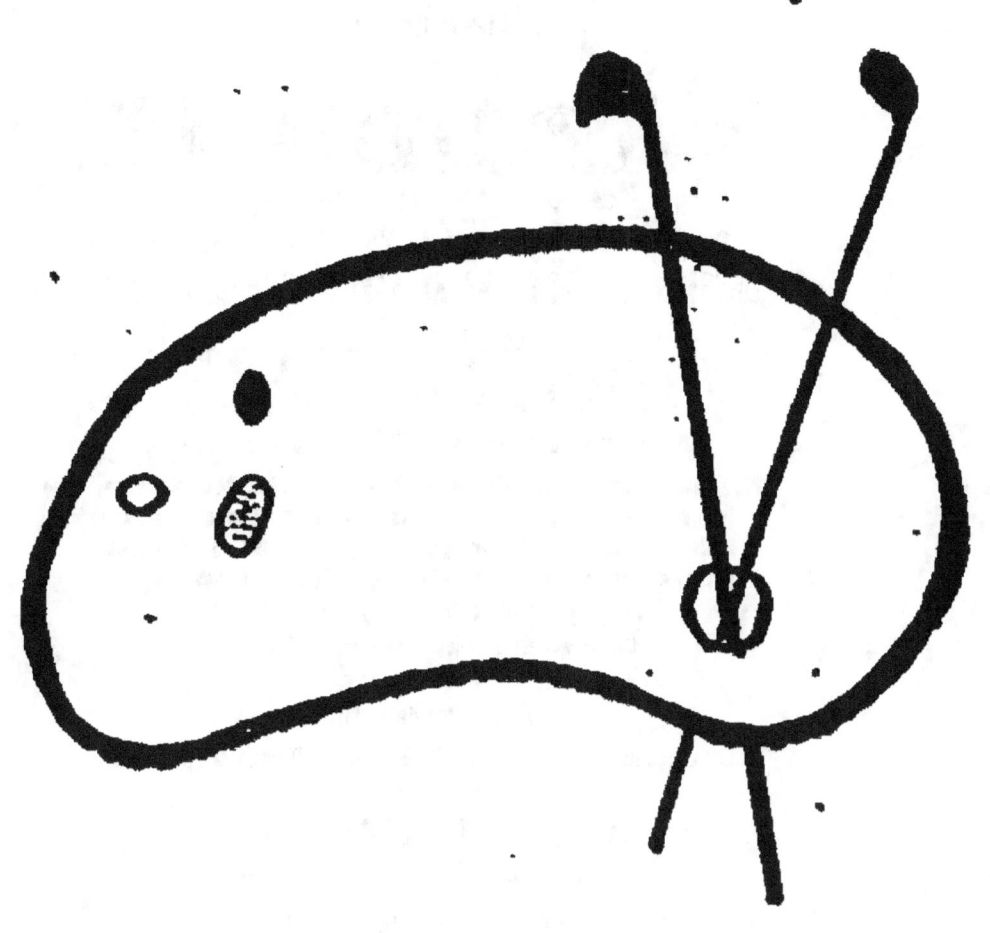

FIN D'UNE SERIE DE DOCUMENTS
EN COULEUR

# CATALOGUE

D'UNE IMPORTANTE COLLECTION

DE

# TABLEAUX

ANCIENS ET MODERNES,

Des Écoles Italienne, Flamande, Hollandaise et Française,

## DESSINS, AQUARELLES ET LIVRES SUR LES ARTS,

ET

## D'OBJETS D'ART

De Curiosité et d'Ameublement,

Meubles en Marqueterie de Boule, Marqueterie de bois à fleurs,
bois de chêne sculpté, Glace, Bronzes, Dorures, Armes anciennes,
Ivoires, Porcelaines de Sèvres, de Saxe, de Chine et du Japon,
Vitraux gothiques, Faïences et Verreries anciennes, Bijoux,
Éventails, Objets divers de Curiosité,

Composant le cabinet d'un Amateur,

DONT LA VENTE AUX ENCHÈRES PUBLIQUES AURA LIEU,

Pour cause de départ.

**HOTEL DES VENTES MOBILIÈRES,**

SALLE N° 2,

RUE DES JEUNEURS, N. 42,

LES LUNDI 18, MARDI 19 ET MERCREDI 20 MARS 1850,

heure de midi.

Par le ministère de M° RIDEL, Commissaire Priseur,
335, rue Saint-Honoré.

Assisté de M. SIMONET, Expert de la Compagnie des Commissaires-
Priseurs, pour les Tableaux.

Et de M. ROUSSEL, Expert pour la Curiosité.

EXPOSITION PUBLIQUE

Le Dimanche 17 Mars 1850, de midi à quatre heures.

1850.

## CONDITIONS DE LA VENTE.

Elle sera faite au comptant.

Les acquéreurs paieront, en sus des adjudications, cinq centimes par franc applicables aux frais.

## ORDRE DES VACATIONS.

*Le Lundi 18 Mars :* Les Tableaux anciens et modernes.

*Les Mardi 19 et Mercredi 20 Mars :* Les Objets d'art, de curiosité et d'ameublement.

# CATALOGUE

DE

# TABLEAUX

### ANCIENS ET MODERNES,

---

M. SIMONET, Expert, 11, rue d'Argenteuil.

# DÉSIGNATION DES TABLEAUX.

## ÉCOLE ITALIENNE.

**CARRACHE** (Augustin), né à Bologne en 1558, mort en 1601.

1. — **L'extase de saint François.**

Le Saint soutenu par un ange, la tête inclinée sur l'épaule droite et les mains croisées sur la poitrine, comme pour comprimer les mouvements violents qui l'agitent, est prosterné à genoux aux pieds de la Vierge et de l'enfant Jésus qu'elle tient dans ses bras; la scène se passe auprès d'un portique d'architecture romaine, qui laisse apercevoir le paysage dans le lointain.

Ce charmant ouvrage est une reproduction libre, par *Augustin*, du tableau d'Annibal, son père, qui est au musée du Capitole à *Rome*; nous disons reproduction, par ce que le peintre n'a pas ici traduit servilement le maître; il ne s'est emparé que de sa composition, tout en conservant son originalité à lui, dans la touche et dans la couleur qui rappellent bien l'époque où il étudiait le Corrège.

De la collection de M. le général Servatius, et plus anciennement de celle de M. le baron Massias, son beau-père.

Cuivre. Haut., 47 cent.; larg., 37 cent.

## PERINO DEL VAGES, né à Florence vers l'an 1500 mort à Rome en 1547.

**2. — La Vierge et l'Enfant Jésus.**

La Vierge assise tient sur ses genoux son divin fils, qui paraît répondre aux tendres regards de sa mère par un gracieux sourire, elle presse de l'autre bras le petit Saint-Jean qui est debout contre elle; tous les trois ont le front ceint d'une auréole.

Le charme, la simplicité et la grâce des têtes, l'éclat de la couleur, la douceur des teintes révèlent le pinceau d'un des élèves les plus distingués de Raphaël.

Cuivre ovale. Haut., 17 cent.

## MICHEL-ANGE DES BATAILLES.

**3. — Fruits et fleurs sur une tablette.**

Toile.

---

## ÉCOLES FLAMANDE ET HOLLANDAISE.

### BLOT (Pierre de).

**4. — Réunion de villageois attablés à la porte d'une auberge.**

Bon tableau dans la manière d'Isaac Ostade.

Bois.

### BREYDEL (le chevalier).

**5. — Une charge de cavalerie sur la lisière d'un bois.**

Bois. Haut., 30 cent.; larg., 45 cent.

CUYP (signé **ALBERT**), né à Dort en 1600.

6. — Intérieur d'écurie.

Un palefrenier tient en brides deux chevaux, l'un blanc, l'autre noir, tandis que son camarade se dispose à apporter une selle ; à droite on aperçoit la croupe d'un troisième cheval ; sur le devant sont appuyés et pendus à un poteau divers ustensiles.

Bois. Haut., 38 cent. ; larg., 50 cent.

## LE MÊME.

7. — Paysage avec bestiaux.

Sur les rives d'un fleuve et dans la partie marécageuse qui l'avoisine, sont cinq vaches ; l'une d'elles y est déjà entrée, elle s'y abreuve, les autres paraissent disposées à la suivre.
Ces vaches, dont la couleur est variée, forment un groupe d'une grande beauté ; la transparence des eaux qui reflètent les animaux, les plantes et les joncs, tout est d'une vérité frappante.

(Note communiquée).

Bois. Haut., 52 cent. ; larg., 81 cent.

## DEROY (de Bruxelles).

8. — Berger et Bergère gardant des animaux au pâturage.

Bois.

ECKHOUT (GERBRAND VAN DEN), né à Amsterdam en 1621.

9. — Les frères de Joseph implorant la délivrance de Benjamin.

Bois. Haut., 58 cent. ; larg., 78 cent.

## FRANCK (François, le Jeune), né à Anvers en 1580, mort en 1642.

**10. — L'adoration des Mages.**

Il nous paraît inutile d'entrer dans les détails d'un sujet aussi connu que celui-là, et dont la composition ne varie guère que dans l'arrangement des figures; mais nous ne devons pas négliger de dire qu'on ne rencontre que bien rarement un tableau qui réunisse, comme celui dont il s'agit, un mérite réel aux plus aimables qualités.

Cuivre. Haut., 35 cent.; larg., 26 cent.

## FROMANHON (signé 1666).

**11. — Nature morte.**

Une perdrix dont une aile est cassée est pendue par une patte, cette étude, d'une étonnante vérité, est d'une finesse d'exécution rare.

Toile. Haut., 48 cent.; larg., 36 cent.

## GOLTIUS.

**12. — Apollon poursuivant Daphné.**

### DU MÊME.

**13. — Sujet Mythologique. Pendant du précédent.**

Toile.

## HOECK (Jean Van), né à Anvers en 1605.

**14. — Un épisode de la vie de l'Enfant Prodigue.**

Bois. Haut., 52 cent.; larg., 72 cent.

## HONTHORST (Gérard), né à Utrecht en 1592.

**15. — Le reniement de Saint Pierre.**

Energie, finesse, vérité d'expression, sont réunies dans ce petit tableau, c'est un échantillon bien précieux d'un peintre estimé et qui a rarement peint des tableaux d'une aussi petite dimension.

Sur pierre de touche. Haut., 16 cent.; larg., 22 cent.

**HUGTENBURCH** (Jean Van), né à Harlem en 1646.  240

16. — Choc de cavalerie aux pieds de hautes montagnes, sur lesquelles sont des forteresses.
Toile.

**LAIRESSE** (Gérard de), né à Liége en 1640, mort en 1700.

17. — Jason armée par Médée, pour la conquête de la Toison d'Or.  97
Toile. Haut., 50 cent.; larg., 78 cent.

**LEDUC** (Jean), né à La Haye en 1636, mort en 1671, élève de Paul Potter.

18. — La partie de cartes.  142
Bois. Haut. 45 cent.; larg., 65 cent.

**NEER** (Art. Van der), né en 1619, mort en 1683.

19. — Paysage, orné de jolies figures. Effet de lune.  190
Toile.

**OCTHERVELT.**

19 bis. — Le Marchand de Morues.  93
Bois.

**OFFERMANN.**

20. — Bestiaux au pâturage dans une prairie.  121
Tableau peint à l'imitation de Paul Potter dont il porte la signature.
Toile. Haut., 47 cent.; larg., 40 cent.

**OSTADE** (Adrien Van), né à Lubeck en 1610, mort à Amsterdam en 1685.

21. — Le Crieur public.  323

On voit sur la place d'un village hollandais un crieur frapper sur un tam-tam, en annonçant les objets perdus ou trouvés; plusieurs habitants devant la porte de la maison, écoutent avec attention.
Ce sujet, à la fois simple et vrai, est traité avec une finesse et une

naïveté admirables. Ce charmant petit tableau est le pendant du même maître, qui fut vendu à la vente Saint-Victor, sous le n° 186 du Catalogue.

Bois. Haut., 16 cent., larg., 11 cent. 8 m.

**STEEN** (Jean), né à Leyde en 1636, mort à Delft en 1689.

**21 bis.** — Intérieur d'appartement hollandais.

Ce tableau est un des meilleurs ouvrages de Jean Steen. Il est d'un fini remarquable et d'une rare beauté de pinceau.

**VERENDAEL** (N.), mort à Anvers en 1659.

**22.** — Un bouquet de fleurs.

Bois. Haut., 32 cent.; larg., 25 cent.

**VELDE** (Guillaume Van de), né à Amsterdam en 1633, mort en 1707.

**23.** — Marine, mer calme.

Une flotille sous voile attend le retour du vent, tous les bâtiments portent les couleurs Hollandaises, sur le devant à droite est le Vaycth Amiral, vers lequel paraît se diriger une embarcation remplie d'officiers et matelots.

La plus grande activité règne parmi l'équipage de chaque bord, il semble que l'on n'attend plus que le signal du départ.

Cette marine d'une importance rare, ne comporte pas moins de vingt voiles; les figures qui sont en très grand nombre y sont touchées avec finesse et esprit.

(Note communiquée).
Bois. Haut., 39 cent.; larg., 52 cent.

**WEENIX** (Jean-Baptiste), né à Amsterdam en 1621.

**24.** — Intérieur de parc, orné de statue.

On voit à droite près d'un vase antique rempli de fleurs, une jeune dame tenant son enfant sur ses genoux.

Toile.

WERFF (Adrien Van der), signé, né à Rotterdam en 1659, mort en 1722.

25. — Portrait de la femme du poëte allemand Kats.

Elle est vêtue d'une étoffe de soie noire et assise près d'une balustrade à l'entrée d'un parc, le coude gauche appuyé sur un piédestal orné d'un bas relief, la position de sa main droite semble indiquer qu'elle parle.

La tête est modelée avec une finesse rare et la physionomie est pleine d'expression et de sentiment.

Toile. Haut., 48 cent.; larg. 36 cent.

---

## ÉCOLE FRANÇAISE.

### BALAN.

26. — Vue intérieure de la cathédrale d'Amiens. Aquarelle.

### BAPTISTE.

27. — Quatre tableaux faisant pendant, représentant des fleurs.

Toile.

### BOUCHER.

28. — Bergère jouant de la flûte en gardant ses moutons.

Toile.

### CARLIER.

29. — Combat de taureaux.

Toile.

### DU MÊME.

30. — Moutons au pâturage.

Toile.

### COURT (M.).

31. — Le Page et la Chatelaine. Aquarelle.

### DEDREUX (M. Alfred).

32. — Chevaux sauvages effrayés à la vue d'un cheval de voyageur tombé mort.
Toile.

### DESHAYES (J.-B.), né en 1729, mort en 1769; élève de Boucher et de Vanloo.

33. — L'aurore (allégorie). Gracieuse composition.
Toile ovale. Larg., 43 cent.

### DETREZ.

34. — Jeunes filles dans un parc, lisant une lettre. Très beau pastel.

### DU MÊME.

35. — Deux jolis pastels, représentant des jeunes filles arangeant des fleurs.

### DIAZ (M.).

36. — Vénus et l'Amour.

### DU MÊME.

37. — Nature morte.

### DU MÊME.

38. — Halte de Bohémiens.

### DUMÉE.

39. — Vue des Ruines du monastère de Jumiège. Aquarelle.

### DU MÊME.

40. — Eglise de Village. Aquarelle.

### DU MÊME.

41. — Paysage, vue d'Elbœuf.

Toile.

### ÉCOLE FRANÇAISE.

42. — La jeune fille aux Colombes. Charmant pastel.

### FRAGONARD (Honoré).

43. — Une visite à la nourrice.

Toile. Haut., 36 cent.; larg., 45 cent.

### FRAGONARD (M.).

44. — Odalisque présentée au sultan.

Toile.

### GIROUX (M. Achille).

45. — Garçon près de deux chevaux. Aquarelle.

### DU MÊME.

46. — Chevaux de trait en marche. Aquarelle.

### GREUZE (attribué à).

47. — Le Dentiste.

Toile.

### DU MÊME.

48. — Le portrait du peintre.

Toile.

### HERVIE.

49. — Vue prise en Normandie. Dessin.

### ISABEY (M.).

50. — Port de mer marchand.

Dans le fond des pêcheurs débarquent le produit de leur pêche, sur le devant on remarque une jeune fille, des barques et du poisson à terre.

Toile.

### LALEMAND.

51. — Port de mer. Gouache.

### DU MÊME.

52. — Port de mer d'Italie. Gouache.

### LANCRET.

53. — Portrait de M<sup>lle</sup> Guimard, célèbre danseuse de l'époque.

Toile.

### LANTARA, signé 1774.

54. — Paysage, soleil couchant.

Ce tableau est peint d'une manière suave et harmonieuse, la vapeur y est répandue avec beaucoup d'art et de vérité.

Toile. Haut., 52 cent.; larg., 64 cent.

### LEPAULE (M.).

55. — La Vierge et l'Enfant Jésus.

Bois.

### MICHELIN.

56. — Vue du pont de la Cisse, à Rochecorbon. Dessin.

### MORIN.

57. — Chatelain et sa suite dans la campagne. Aquarelle.

### REDOUTÉ (T.-F., signé).

58. — Un Bouquet d'œillets et de jasmin. Aquarelle.

### RICHARD (M.), maître de M. Brascassat.

59. — Deux paysages faisant pendant. Sepia.

### RIGAUD.

60. — Portrait d'un guerrier.

Coivre.

## ROQUEPLAN.

**61.** — La Baigneuse et sa suivante,
Toile.

## STELLA.

**62.** — Le Mariage mystique de sainte Catherine.
Toile.

## THÉOLON, Signé 1789.

**63.** — Paysage pastoral.

Sur le gazon et près d'un saule sont réunies plusieurs jeunes filles qui causent et cueillent des fleurs en gardant des moutons.
Toile. Haut., 37 cent.; larg., 45 cent.

## VANLOO.

**64.** — Beau portrait de Michau, acteur du Théâtre-Français.
Toile.

## DU MÊME.

**65.** — Portrait de Préville, acteur du même théâtre.
Toile.

## VERNET (Joseph), signé 1768.

**66.** — Marine, mer calme.

La teinte dorée qui se reflète dans tous les plans de ce tableau, décèle l'intention du peintre. C'est l'après-midi d'un beau jour d'été qu'il a voulu représenter.

Les eaux de la mer légèrement agitées, baignent une partie du premier plan, et y forment une entrée de port ou chenal, à main droite est un quai garni de promeneurs, plus loin s'élèvent deux tours au bas

desquelles est une jetée, où sont amarrées plusieurs barques que des
matelots s'occupent à charger ; une chaloupe de pilote, conduite par
des rameurs, se dirige vers un navire à la voile qui entre dans le
port.

Quant à la scène principale dont Vernet a enrichi cette marine, elle
consiste en groupes de plusieurs personnes, parmi lesquels un musulman
fait admirer à une jolie femme grecque les beautés des alentours,
près d'eux est un marin, du même pays, assis sur les rochers, fumant
tranquillement sa pipe et regardant des pêcheurs au milieu de leurs
occupations. Enfin de tous côtés une foule d'épisodes qui contribuent
encore au pittoresque de l'effet.

Messieurs les amateurs trouveront rarement l'occasion d'acquérir
un aussi beau tableau connu et gravé sous le titre *de la Promenade
de la Jeune Grecque.*

Toile. Haut., 44 cent.; larg., 60 cent.

## TABLEAUX PAR ET D'APRÈS DIFFÉRENTS MAITRES

### ECOLE ESPAGNOLE.

67. — Démocrite.

Toile.

### ÉCOLE FLAMANDE ANCIENNE.

68. — Réunion de fleurs.

### ÉCOLE FLAMANDE.

69. — Procession.

Bois.

## MÊME ÉCOLE.

70. — Portrait d'homme.
Cuivre.

## ÉCOLE FRANÇAISE.

71. — Villageois dansant près d'une fontaine.
Toile.

## ÉCOLE GOTHIQUE ALLEMANDE.

72. — Triptiche.

Le milieu représente l'adoration des Mages, le volet de gauche l'arrestation de Jésus et celui de droite le portement de croix.
Bois.

## ÉCOLE ITALIENNE.

73. — Coq et pigeons sur le devant d'un paysage.

## MÊME ÉCOLE.

74. — Coq et poules près de divers fruits. Pendant du précédent.
Toile.

## ÉCOLE DE M⸺ LEBRUN.

75. — Portrait d'une jeune fille.
Bois.

## ÉCOLE MODERNE.

76. — Nature morte.
Toile.

### BEGA (Genre de).

77. — Intérieur rustique et deux Buveurs.
Bois.

### CIMABUÉ (Genre de).

78. — La Vierge, l'Enfant Jésus et des anges.
Bois.

### MÊME GENRE.

79. — Même sujet, différemment traité.
Bois.

### ÉLIAERTS.

80. — Bouquet de fleurs dans un vase.
Bois.

### GOLTIUS.

81. — Intérieur de cuisine hollandaise.
Bois.

### LANCRET (Attribué à).

82. — Femme tenant une corbeille de fleurs. Près d'elle est le jardinier.

### WATEAU (Imitation de).

83. — Portraits de divers personnages.

### WATEAU (D'après).

84 — Intérieur de parc.
Bois

## PAR UN ARTISTE ANGLAIS.

85. — Le portrait de Mlle Plunkett, célèbre danseuse. Aquarelle.

86. — Sous ce numéro, seront vendus les tableaux omis et plusieurs bordures, dont quelques unes richement dorées.

87. — Un chevalet en acajou.

## LIVRES SUR LES ARTS.

88. — Les Annales du Musée, par C. P. Landon, 18 vol. in-8, rel. en baz. (quelques livraisons restent sans être reliées.

89. — Le Dictionnaire des beaux-arts, par L. Millin, 3 forts vol. in-8, reliés en veau, tranches dorées.

90. — Le Dictionnaire des peintres espagnols, par F. Quillet, 1 vol. cartonné.

91. — La Vie des peintres flamands et hollandais, par Decamps, 3 vol. reliés en veau.

92. — Le Voyage pittoresque — du même, 1 vol.

93. — Le Sacre (avant la lettre). Gravure encadrée avec le spécimen.

# CATALOGUE

D'UNE BELLE RÉUNION

# D'OBJETS D'ART

DE CURIOSITÉ ET D'AMEUBLEMENT.

M. ROUSSEL, Expert, rue du Dragon, 33.

# DÉSIGNATION

# DES OBJETS.

---

### PORCELAINES DE CHINE.

1 — Un grand bol, décoré de sujets à mandarins placés dans des médaillons avec entourages de fleurs, monture rocaille, en bronze doré.
2 — Un vase fond blanc entièrement couvert de fleurs en relief émaillées en couleurs variées.
3 — Un bol de forme très évasée, porcelaine du Japon richement décorée et monté en cuivre doré. Il est restauré.
4 — Une écuelle avec couvercle à mandarins et sujet du Colin Maillard.
5 — Une fontaine à trépieds, décorée de figures en relief, représentant des sujets grotesques.
6 — Deux bouteilles carrées pour mettre du thé, porcelaine du Japon, décorées de fleurs.
7 — Une écuelle à dessins gauffrés, décorés de fleurs, porcelaine de Chine d'une qualité fine.
8 — Deux belles jardinières à huit pans, ornées sur chaque côté d'un bouquet de fleurs avec oiseaux. Belle qualité.

9 — Un grand bassin, porcelaine du Japon, richement décoré de fleurs et rehaussé d'or. Monture rocaille à trépied en bois doré.
10 — Deux lampes façon Carcel, dans des vases à mandarins, imitation de porcelaine de Chine.
11 — Un porte-allumettes orné de figures en relief.
12 — Trois vases découpés à jour et décorés de fleurs, surmontés d'oiseaux, porcelaine du Japon.
13 — Deux petits vases à pans, décorés de mandarins.
14 — Un vase et deux cornets en porcelaine de Chine, d'un décors très riche avec figures.
15 — Deux petits vases d'applique avec figurines d'enfants, porcelaine de Chine.
16 — Une boîte à parfum, porcelaine de Chine à mandarins.

## PORCELAINE DE SAXE ET AUTRES.

17 — Une soupière ovale avec couvercle et plateau à dessins gauffrés, décorée de fleurs, de papillons et d'oiseaux; le bouton du couvercle est formé par une figurine de jeune fille.
18 — Une autre soupière de même forme à dessins gauffrés, ornés de médaillons, le bouton du couvercle est formé par une figurine d'un jeune garçon tenant une corne d'abondance, de laquelle il sort des fruits et des fleurs.
19 — Deux porte-huiliers ornés de têtes, de renards et de chiens en ronde bosse, et décorés de fleurs, quatre dauphins forment les supports; des feuillages en cuivre doré, sont disposés pour recevoir les burettes.
20 — Un sucrier à couvercle avec cuiller et plateau décorés de fleurs et ornements d'or. Plus une petite écuelle de même qualité.

22 — Une girandole à deux lumières ornée de deux figures d'enfants.
23 — Deux petites corbeilles découpées à jour, à anses avec bouquets de fleurs.
24 — Quatre figurines. Jupiter et Junon. La vue et l'ouie.
25 — Petit sucrier ovale à dessins gauffrés et décorés de fleurs.
21 — Une chocolatière, un pot à crème et deux moutardiers, décorés de fleurs, et un plateau rond festonné, décoré de fruits et de fleurs.
26 — Groupe de trois figures, le bon ménage, costume riche du temps de Louis XV.
27 — Deux autres groupes de la même époque.
28 — Grande figure costumée à l'orientale.
29 — Deux perdrix sur rocher garnis de fleurs, socles rocaille et en bronze doré.
30 — Une petite vache couchée, socle rocaille en bronze doré.
31 — Beau groupe, le tailleur sur un banc, sur socle rocaille en bronze doré.
32 — Pendule rocaille ornée de figures et de fleurs en relief, avec miniature finement peinte.
33 — Deux jolis petits vases ovales à deux anses, ornés de guirlandes de fleurs.
34 — Un lot de fleurs en porcelaine.
35 — Déjeuner composé de douze tasses et quatre grandes pièces décorées de peintures, représentant des batailles.

### PORCELAINE DE SÈVRES DIVERSES.

36 — Ecuelle à couvercle avec plateau, fond blanc à cartels d'ustensiles de jardinages, belle qualité, (le couvercle félé).

37 — Grand plateau rond festonné à galerie à jour, bleu turquoise, décoré de fleurs, *restauré*.
38 — Déjeuné composé de cinq pièces, bleu de roi à cartels de fruits et de fleurs.
39 — Quatre tasses avec soucoupes à dessins variés et décorées de fleurs, porcelaine tendre.
40 — Pot à crème à bouquets de fleurs.
41 — Sucrier bleu de roi à dessins d'or.
42 — Deux pots à crème, l'un bleu turquoise et l'autre blanc à bouquets de roses.
43 — Deux soucoupes, bleu turquoise, l'une avec fleurs, l'autre avec un amour.
44 — Petit vase à fleurs avec soucoupe, bleu turquoise, cartels à sujets pastoraux.
45 — Petit sucrier, bleu de roi et guirlandes de fleurs.
46 — Deux pots à crème, l'un à couvercle bleu turquoise à médaillon de fleurs, l'autre bleu de roi à médaillon d'oiseaux.
47 — Trois tasses avec soucoupes, dont deux en porcelaine dure.
48 — Pot à eau avec cuvette, porcelaine tendre d'un très riche décors, la cuvette est félée et ce pot a été rapporti à la cuvette.
49 — Ecuelle à couvercle avec plateau, porcelaine à la Reine, à petits bouquets.
50 — Une paire de vases, fond vert à cartels de fleurs, avec belles montures en bronze doré, style du temps de Louis XVI.
51 — Un moyen seau festonné fond jaune, décoré de fleurs et d'oiseaux, les anses se terminent en feuillages réhaussés de bleu et d'or, *félé*.
52 — Deux vases fond bleu à médaillons d'amours et de fleurs, montures rocailles en cuivre doré.
53 — Trois assiettes gauffrées à bouquets de fleurs.
54 — Ecuelle avec plateau à bouquets de roses.

55 — Seau grand modèle à bouquets de roses.
56 — Un plateau triangulaire, bleu turquoise, non terminé.
57 — Deux vases, vert uni, monture à deux anses, style du temps de Louis XVI, en bronze doré.
58 — Trois petits seaux, porcelaine à la Reine à bouquets.
59 — Une verrière, fond vert à réseaux d'or, ornée d'une guirlande de ceps de vigne, les anses en bronze doré.
60 — Deux vases à fleurs, fond jaune, ornés de guirlandes de roses, porcelaine moderne.
61 — Grande jardinière ovale décorée de fleurs et de dorures, porcelaine moderne.
62 — Un pot et sa cuvette, porcelaine à la Reine décorée d'or avec sujets d'après Boucher.

## FAIENCES ANCIENNES.

63 — Une fontaine en faïence de Rouen, ornée de cariatides et de figurines, et enrichie d'arabesques très fines, émaillées sur fond bleu et jaune, pièce remarquable et rare.
64 — Assiette en faïence de Faenza, sujet mythologique.
65 — Autre assiette plus petite, la Manne tombée du ciel.
66 — Jolie coupe à jeu hydraulique, dont les anses sont formées par des serpents enlacés, au milieu une grenouille.
67 — Terrasse avec une tortue et des coquillages, faïence à l'imitation de celle de Bernard Palissy.
68 — Une corbeille double avec guirlande de fruits et de fleurs, faïence italienne.

69 — Grande cruche en faïence de Nevers décorée de fleurs; sur le devant saint Pierre en prière, on lit derrière au-dessous de l'anse, Pierre Guerand 1733.
70 — Plat rond à reptiles, coquillage et feuilles en relief émaillé en couleur, faïence à l'imitation de celle de Bernard Palissy.
71 — Deux assiettes avec des raves et des artichauts en relief.

### VERRERIES DIVERSES.

72 — Petit vidrecome à filigrane blanc, avec couvercle.
73 — Gobelet comprimé, à filigrane de couleur.
74 — Deux grands gobelets en cristal de Bohême taillés.
75 — Verre à pied élevé cristal de Bohême gravé et doré.
76 — Deux gobelets, l'un en verre rubis et l'autre couleur sardoine.
77 — Petite aiguière à zones blanches et à filets verts.
78 — Verre à pied élevé, gravé, avec filets rouges en spirale dans le pied.
79 — Gros globe en verre colorié intérieurement.

### VITRAUX

80 — Grand vitrail colorié du XVI° siècle, représentant un sujet tiré de la Genèse, l'encadrement est formé d'arabesques et de petits sujets grisailles.
81 — Huit châssis pour croisées; composés chacun de deux vitraux suisses coloriés représentant des sujets et des armoiries, avec riches entourages en verre de couleur, ils seront vendus par lots.
82 — Joli petit vitrail suisse, armoirie, *moderne*.

83 — Joli vitrail suisse colorié, un festin ; dans le haut un petit sujet représentant un tournois, dans le bas des armoiries.
84 — Autre vitrail suisse, un chevalier armé de toutes pièces à genoux et en prière, avec écusson armoirié.
85 — Vitrail ovale colorié, les noces de Caen.
86 — Petit vitrail colorié, armoirie suisse, dans le haut l'adoration des mages.
87 — Vitrail gothique du XIV<sup>e</sup> siècle, la Vierge et l'enfant Jésus.
88 — Une tête de sainte, vitrail de la même époque.
89 — Deux grands vitraux gothiques du XIV<sup>e</sup> siècle, formés chacun de deux sujets et surmontés de rosaces.
90 — Paysage avec animaux, peinture moderne sur verre.

## ARMES.

91 — 1 beau et grand yatagan turc, dont le fourreau est en argent repoussé, et la poignée en argent niellé.
92 — Un petit yatagan, avec poignée et fourreau en argent repoussé, très riche d'ornements.
93 — Une paire de pistolets turcs, dont les canons sont couverts d'ornements ciselés et dorés, la monture en bois garnie en argent est aussi incrustée d'arabesques en argent.
　　Ces quatre belles armes sont renfermées dans une boîte et pourront être vendues en un seul lot.
94 — Une épée chinoise, le fourreau est plaqué en écaille et garni en cuivre.

95 — Un couteau de chasse à poignée en ivoire, garni en argent.
96 — Deux petits poignards, l'un en fer, et l'autre en cuivre.
96 bis Un fusil turc orné d'incrustations en argent.

## MEUBLES.

97 — Meuble à hauteur d'appui faisant casier, en marqueterie de Boule sur écaille rouge; il est à quatre pieds élevés et garni de bronzes.
98 — Grand coffre carré en marqueterie, garni de bas-reliefs en bronze représentant des sujets de bacchanal.
99 — Table en bois sculpté et doré, la tablette en marbre blanc couverte d'incrustations en marbre de couleur.
100 — Jardinière en bois de placage, garni de bronzes style Louis XV.
101 — Tablette de guéridon en marbre brèche et mosaïque.
102 — Paravent de six feuilles, à champs renfoncés, décorés d'arbrisseaux et d'oiseaux en relief, exécutés en soie avec une grande perfection. Travail chinois.
103 — Petite armoire de style gothique en bois sculpté, dont les portes sont découpées à jours.
104 — Deux grandes colonnes torses entourées de ceps de vigne très bien sculptés. Travail flamand.
105 — Beau meuble de salon, composé d'un grand canapé, deux fauteuils et quatre chaises en bois sculpté très richement, style flamand; le tout couvert en moquette à dessins de tapisserie.
106 — Deux gros coussins en lampas de trois couleurs.

107 — Une console de pendule en bois sculpté, ornées de figures et mascarons
108 — Une jolie étagère à quatre tablettes en bois sculpté.
109 — Table à quatre faces et entrejambes à X en marqueterie de bois, à fleurs, du temps de Louis XIII ; le dessus marqueté en plein est d'une grande richesse.
110 — Jolie toilette en marqueterie de bois de rose avec trophées de musique et fleurs.
111 — Cheminée en bois sculpté, style Renaissance.
112 — Grande glace à bizeaux avec cadre en bois sculpté.
113 — Un soufflet en bois sculpté.
114 — Coffre à bois couvert en moquette.
115 — Petit lustre en cristal de Bohème, monture en cuivre doré.
116 — Garde-feu en cuivre doré.
117 — Deux feux en cuivre doré à cassolettes, Louis XVI.
118 — Grande pendule rocaille, ornée de deux figurines d'enfant : le Jour et la Nuit.
119 — Deux grands candelabres à bouquets de lis, placés dans des vases en marbre blanc, montés en bronze doré.
120 — Jolie table en bois de rose avec ornements sculptés, style Louis XV.
121 — Petit coffre en bois sculpté, orné de cariatides et de bas-reliefs.
122 — Siège gothique à dossier élevé, chargé de sculpture du quinzième siècle.
123 — Très grande armoire fermant à quatre ventaux, avec panneaux en saillie, ornée de sculpture et d'un fronton, très riche.
124 — Six chaises en bois sculpté, à colonnes torses, avec lions soutenant des écussons ; elles sont garnies en velours de laine violet.

125 — Petite chaise de piano en bois sculpté, le dossier très riche d'ornements offre un double écusson couronné et soutenu par deux lions.
126 — Belle table ovale de salle à manger en bois sculpté, le pied à balustre est supporté par quatre animaux chimériques.
127 — Une petite pendule avec sa console, en marqueterie de Boule sur écaille noire garnie de bronze.
128 — Petite lampe de suspension, en porcelaine de Chine avec monture rocaille en cuivre, en couleur.
129 — Une commode Louis XV, en bois de placage, garnie de cuivre.
130 — Une table de nuit en marqueterie de bois, du temps de Louis XVI.
131 — Petit meuble à ouvrage, en marqueterie de bois, du temps de Louis XV.
132 — Petit meuble du temps de Louis XV, en marqueterie de bois, garni de cuivre, avec dessus en marbre.
133 — Secrétaire dos d'âne en marqueterie de bois, à fleurs, du temps de Louis XIII.

## ÉTOFFES.

134 — Quatre grands rideaux de croisées, en velours de laine, violet, avec franges doublées en percale jaune.
135 — Trois paires de rideaux de croisées, avec leurs pentes et embrasses en velours de laine, imprimé à dessins, imitant la tapisserie. Ils sont d'une grande fraîcheur.
136 — Un lot de coupons en lampas des trois couleurs, environ 32 mètres.

136 bis. — 88 mètres environ d'ancienne étoffe de l'Inde, fond jaune à boutons d'or.
137 — Neuf pièces, bonnes grâces, en satin rose, brochée avec franges.
138 — Tapis de table en étoffe de laine brochée, garni de franges.
139 — Tapis de Smyrne.
140 — Deux portières et deux rideaux de croisée avec pentes.

## OBJETS DIVERS.

141 — Un guéridon en laque de Chine.
142 — Une table à ouvrage    id.    id.
143 — Vase en ivoire orné d'un bas-relief représentant un combat; il est élevé sur un pied en filigrane d'argent.
144 — Cipe en ivoire dont le bas-relief représente l'enlèvement de Proserpine.
145 — Couteau et fourchette réunis dans la même gaine; les manches sont formés chacun par des figurines en ivoire.
146 — Trois couteaux dont les manches en ivoire représentent des figurines surmontées de lion.
147 — Trois petites fourchettes en argent, les manches en cornaline.
148 — Un couteau et une fourchette à manches d'agate, dans une gaine en peau de requin.
149 — Bol à couvercle en laque vert, de Chine.
150 — Aiguière en cuivre argenté, du temps de Louis XIV.
151 — Petite coupe en cristal de roche, montée en bronze doré.
152 — Deux boîtes à thé en laque de Chine à dessins d'or.

153 — Coffre-fort en fer découpé à jour, du seizième siècle.
154 — Un cachet et un couteau à papier en ivoire sculpté, l'un le buste de Henri IV, l'autre une marchande de poisson.
155 — Un petit chevreuil, bronze moderne, et un brûle-parfums.
156 — Une écritoire plaquée en bois rose, garni de cuivres.
157 — Deux éventails de Chine, l'un en laque noir et l'autre en bois de sental découpé à jour.
158 — Un éventail en nacre de perle, avec dessins d'applique en or, orné d'une belle miniature, style de Boucher.
159 — Un bracelet en filigrane d'argent, de l'Inde.
160 — Un petit lustre en filigrane d'argent.
161 — Portrait de femme, costume du temps de Louis XVI, peinture sur émail montée en broche, argent et marcassite.
162 — Statuette en bronze ancien d'une belle couleur : Léda et le Cigne.
163 — Autre statuette en bronze : Hercule Farnèse.
164 — Portrait d'une princesse allemande; miniature très-fine, cadre en bois doré.
165 — Médaillon ovale en or repoussé avec miniature : un amour.
166 — Petit groupe de deux figures en ivoire.
167 — Une bague et un petit médaillon, avec sardoines gravées en creux, un Bacchanal.
168 — Le portrait de Carrier, conventionnel, fixé, et une tabatière en papier mâché représentant Jupiter et Junon.
169 — Petite coupe allemande avec onze médailles enchassées en cuivre doré.

170 — Une tasse en émail de Limoges, avec médaillon à sujet de Méléagre.
171 — Portrait d'un personnage en costume du temps de Louis XIV, peinture à l'huile.
172 — Descente de Croix, émail de Limoges par Naudin.
173 — Une Sainte faisant des aumônes, émail de Limoges, par Nouailher.
174 — Saint Charles : signé I. L.
175 — Deux émaux de Limoges : Sainte Madeleine et Saint Jean.
176 — Saint Étienne : peinture sur émail de Limoges.
177 — Saint Ambroise : émail de Laudin.
178 — Deux petits bustes d'enfant en marbre blanc, style de François Flamand.
179 — Deux flambeaux en émail blanc, décorés de fleurs.
180 — Panneau en marqueterie de bois à fleurs du temps de Louis XIII, d'un beau travail.
181 — Deux petites consoles en bois sculpté et doré.
182 — Belle peinture italienne sur fond de lapis lazuli, représentant le baptême de Notre-Seigneur.
183 — Un lot de panneaux gothiques, en bois sculpté.
184 — Très jolie montre, émaillée sur or, décorée de peintures très fines et bien conservées.
185 — Bas-relief en cuivre argenté. La Vierge et le Christ.
186 — Quinze petites pièces en argent, jouets d'enfants, style flamand, seront vendues par lots.
187 — Deux statuettes d'enfants, en bois doré.
188 — Deux figures drapées, en bois doré.
189 — Une petite lanterne en cuivre doré, ornée de fleurs en porcelaine.
190 — Bougeoir rocaille, bronze en couleur.
191 — Deux lampes façon Carcel, avec leurs supports, en bronze, style renaissance, au vert antique, avec ornements dorés.

192 — Jolie petite pendule ancienne, en bronze doré. L'étude.
193 — Deux paires de candélabres, formés par des bouquets de lys, placés dans des vases en albâtre, montés en bronze doré, du temps de Louis XVI.
194 — Deux flambeaux Louis XVI, en cuivre argenté.
195 — Grand christ en ivoire, portant 74 centimètres de hauteur, sur croix en bois noir et fond de velours, cadre doré.
196 — Deux petits bras à feuillages, doré au vernis, avec fleurs en porcelaine.
197 — Une paire de candélabres du temps de Louis XVI, figures de femmes en bronze vert, sur piédestaux en marbre blanc, montés en bronze doré.
198 — Une glace de Venise avec bordure et fronton en verre bleu et blanc taillés et étamés.
199 — Autre glace du même genre, la bordure est en glace avec ornements gravés.
200 — Jolie paire de feux Louis XV, à figures chinoises, en bronze doré.
291 — Une boîte laque de Martin.
202 — Deux corbeilles en vannerie de cuivre doré.
203 — Lampe de suspension en biscuit, garnie en cuivre doré.
204 — Buste d'homme en bronze.
205 — Un cheval en bronze.
206 — Un vaisseau en ivoire.
207 — Deux flacons en porcelaine de Chine, monture en bronze doré.
208 — Un bougeoir dito
209 — Deux théières en terre de bocaro.
210 — Un groupe en biscuit.

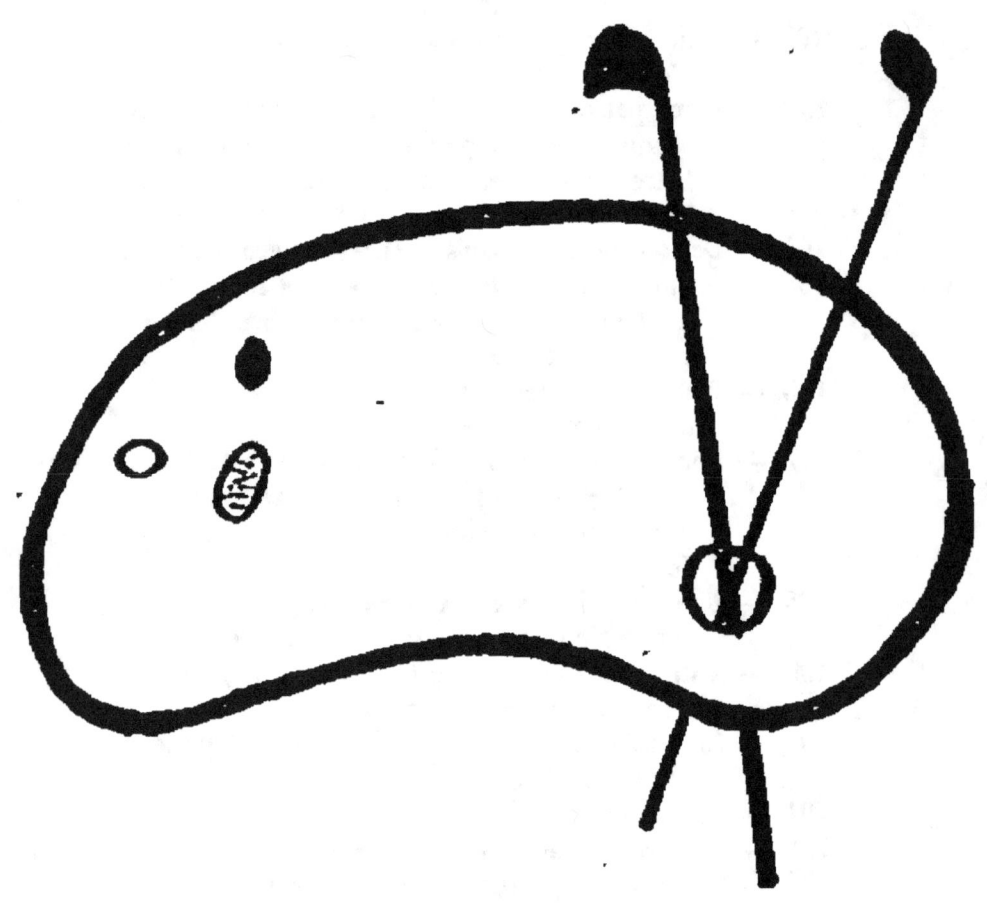

ORIGINAL EN COULEUR
NF Z 43-120-8